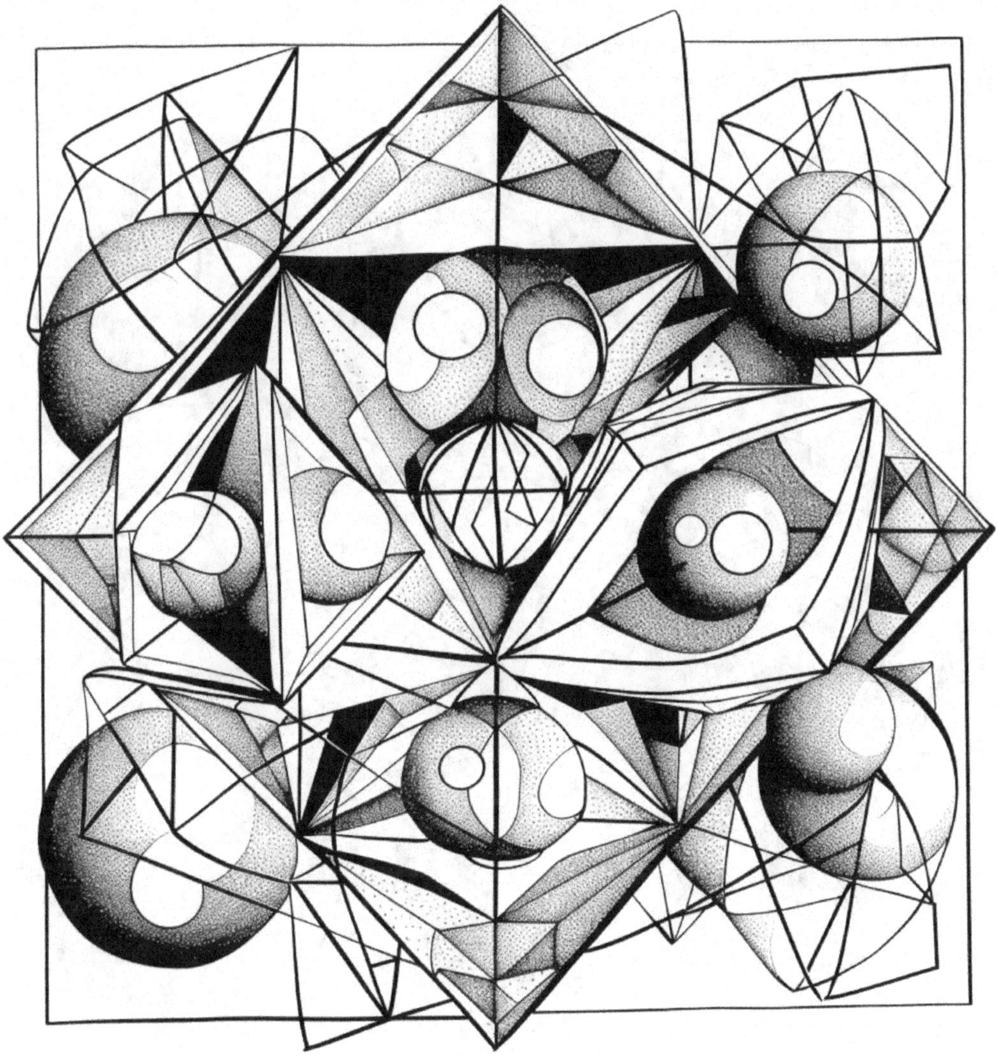

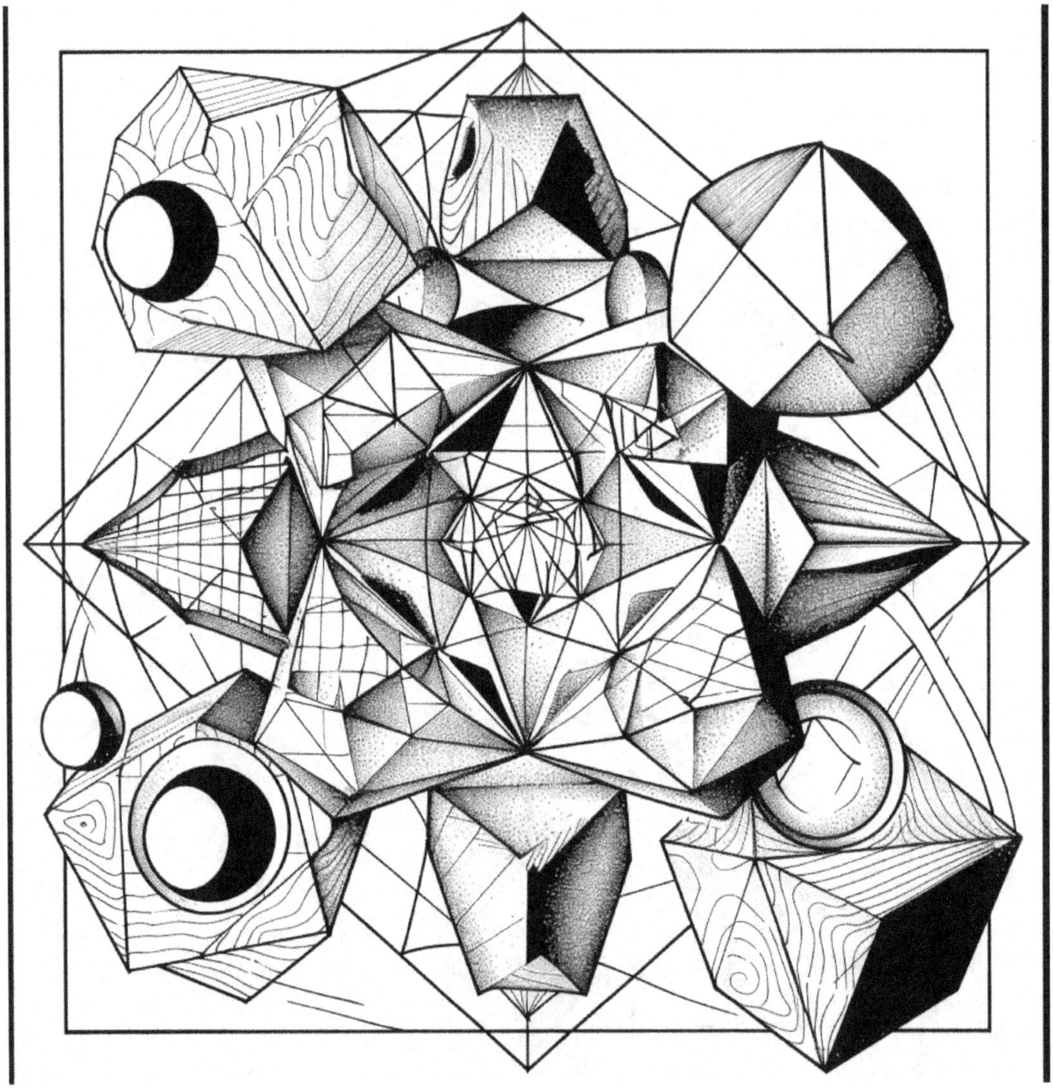

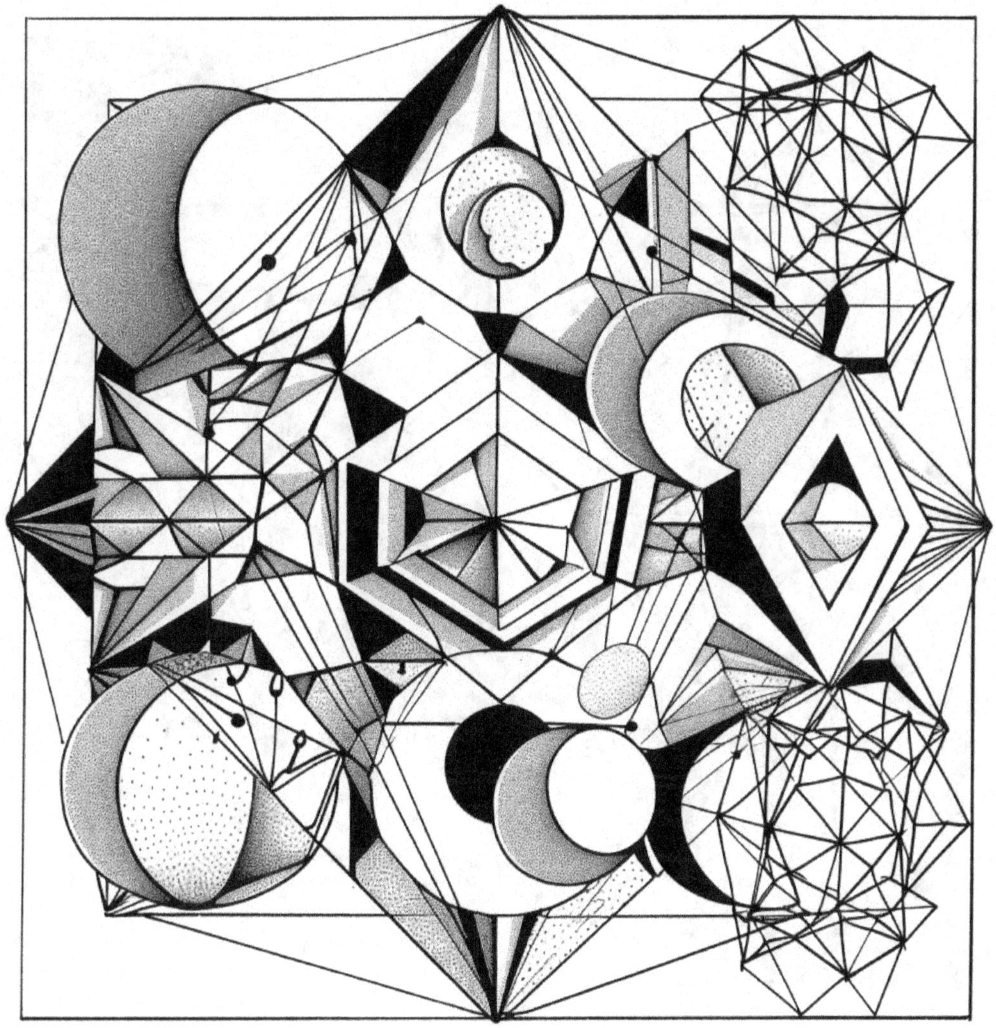

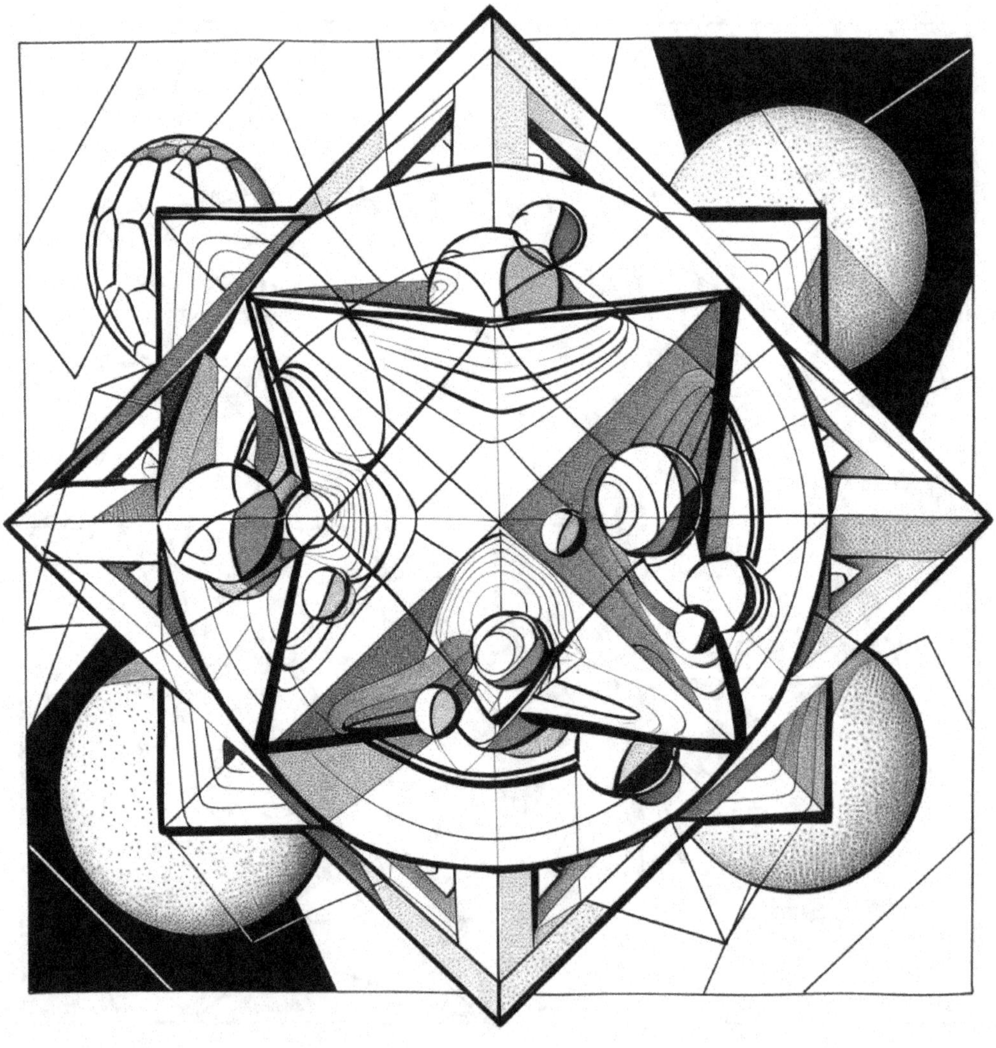

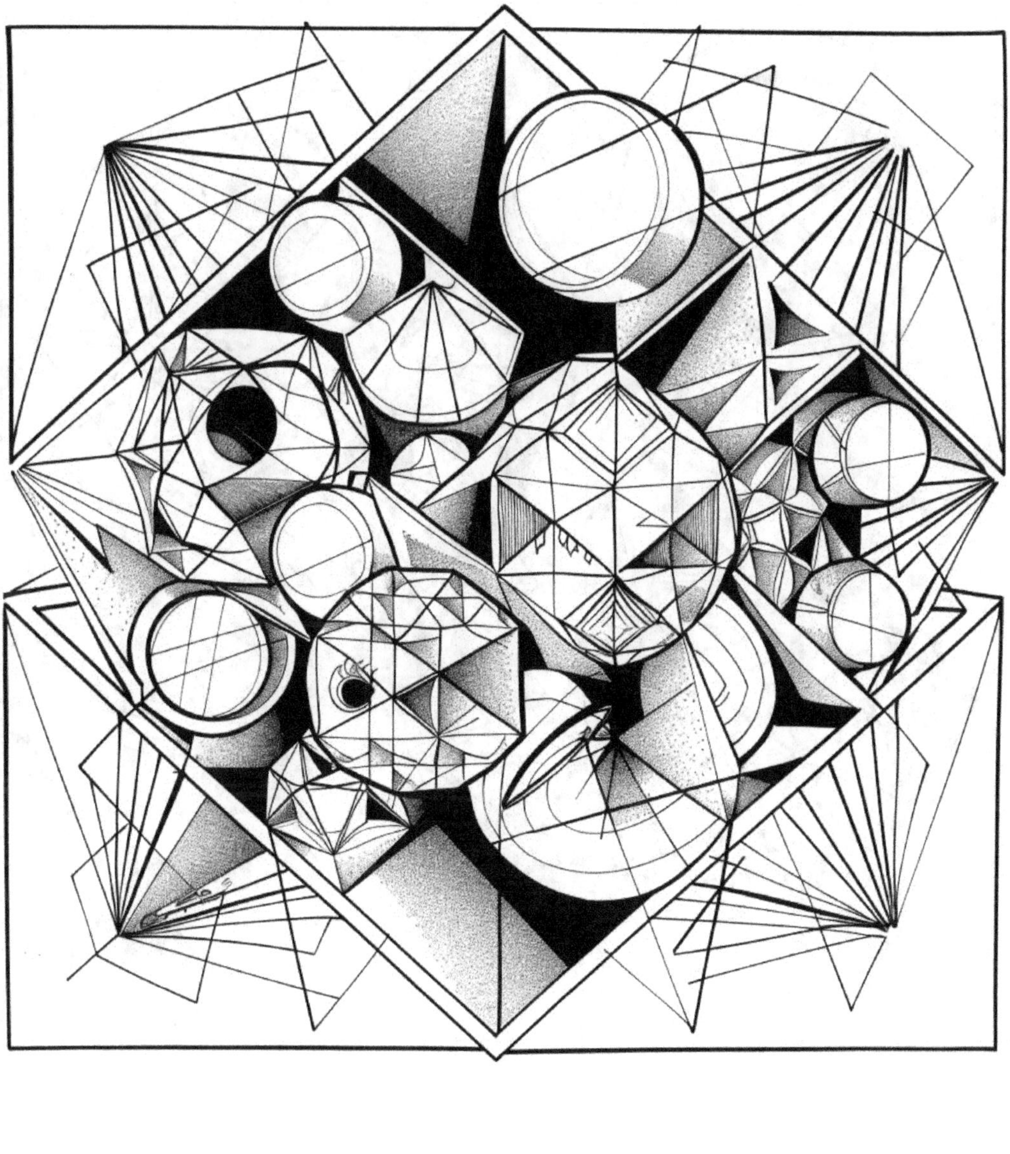

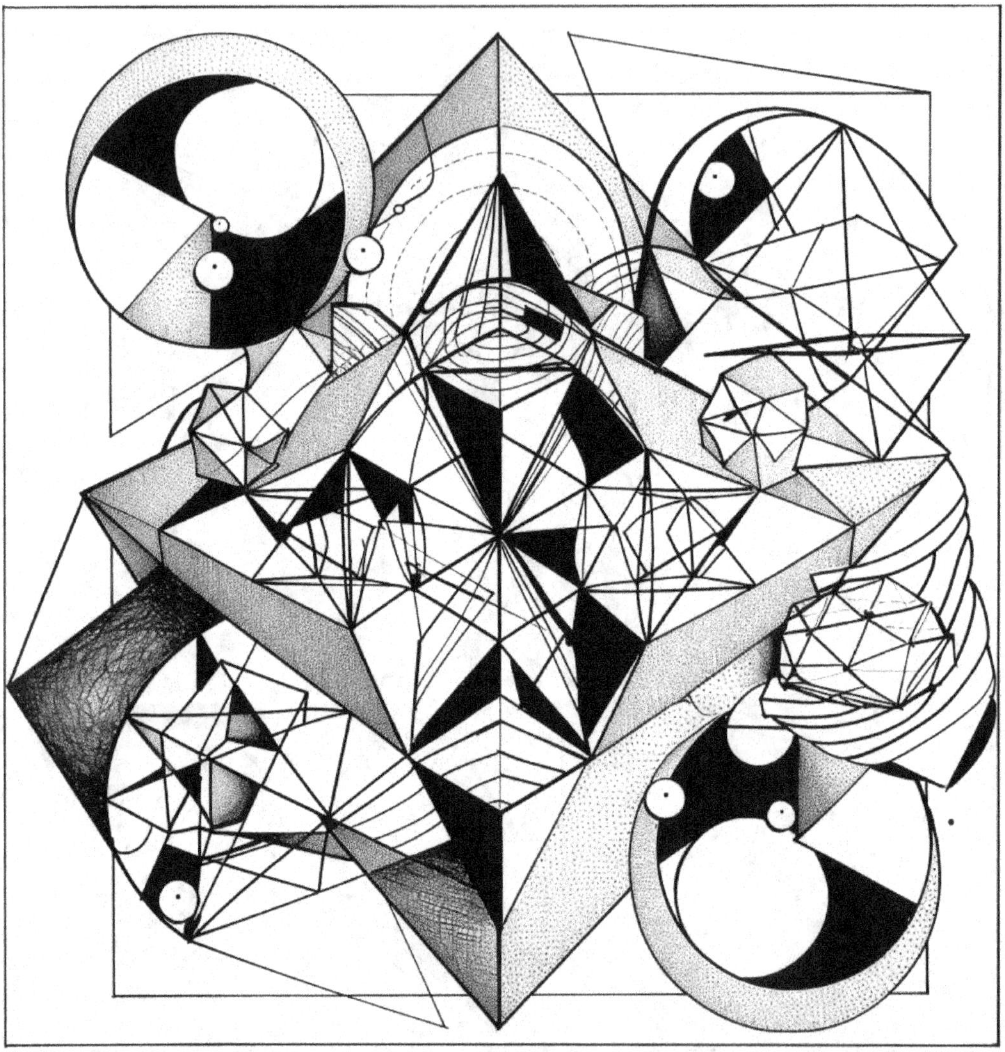

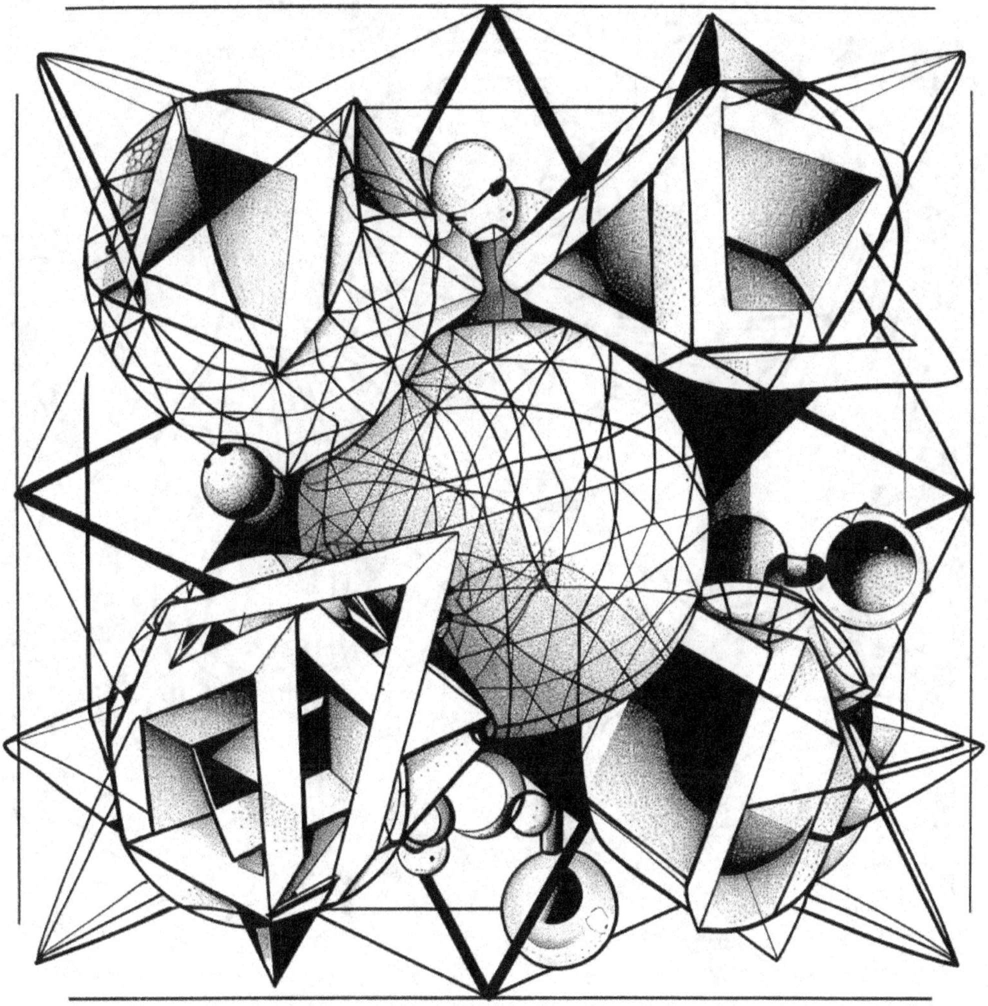

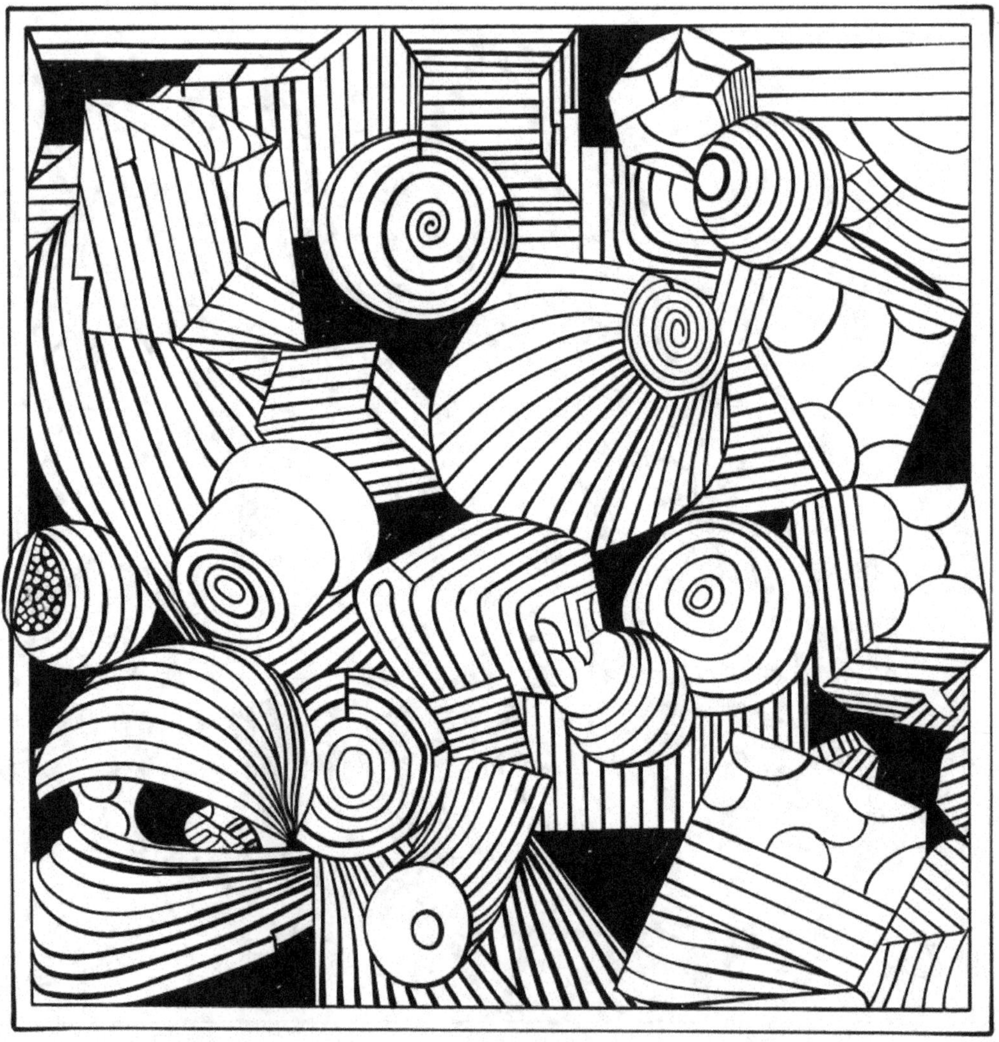

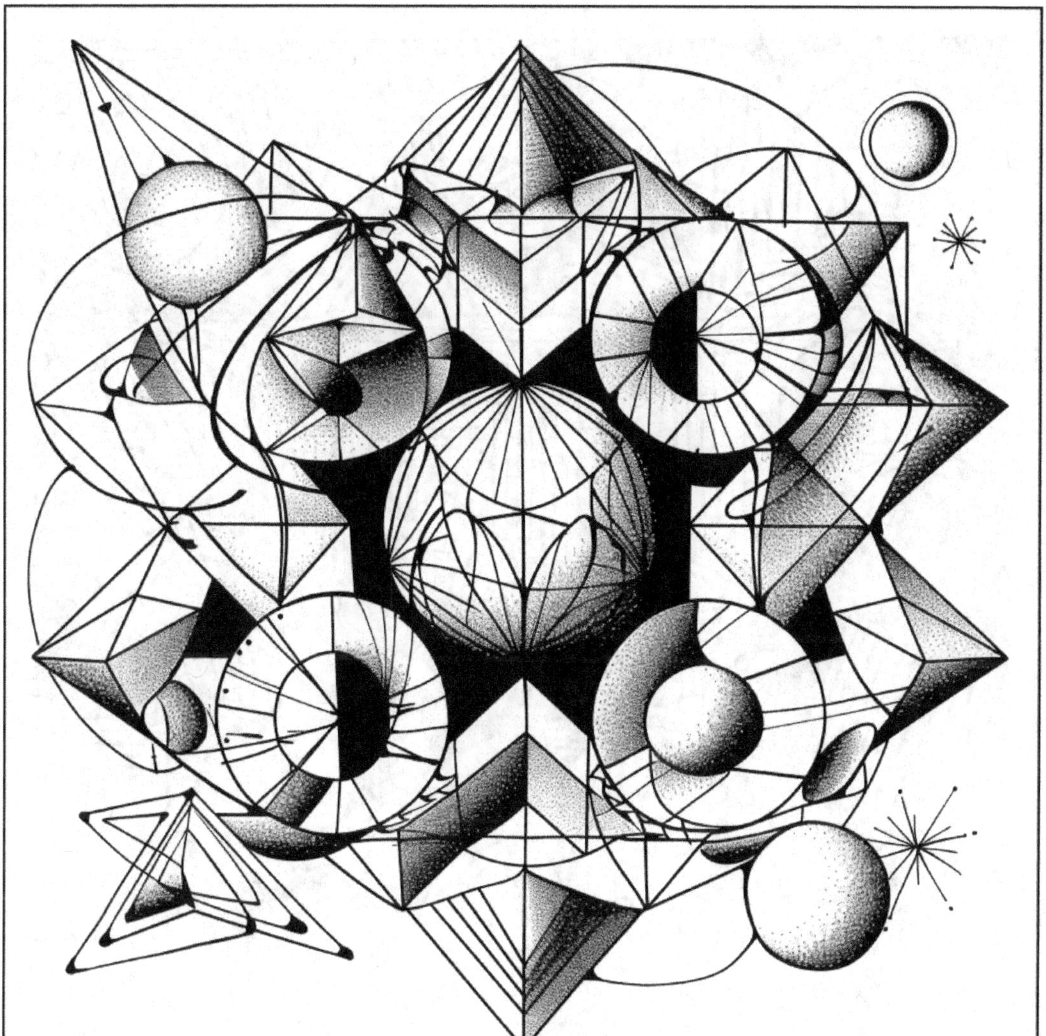

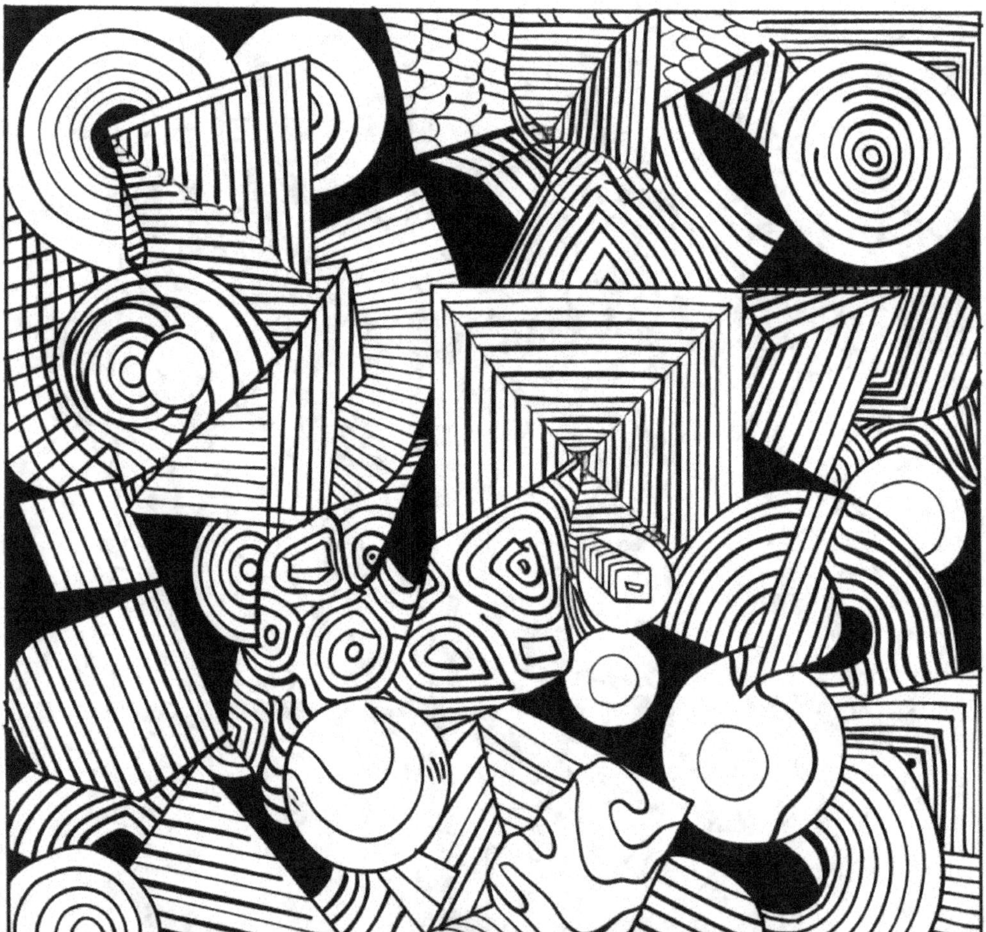

Volve yosl tisco

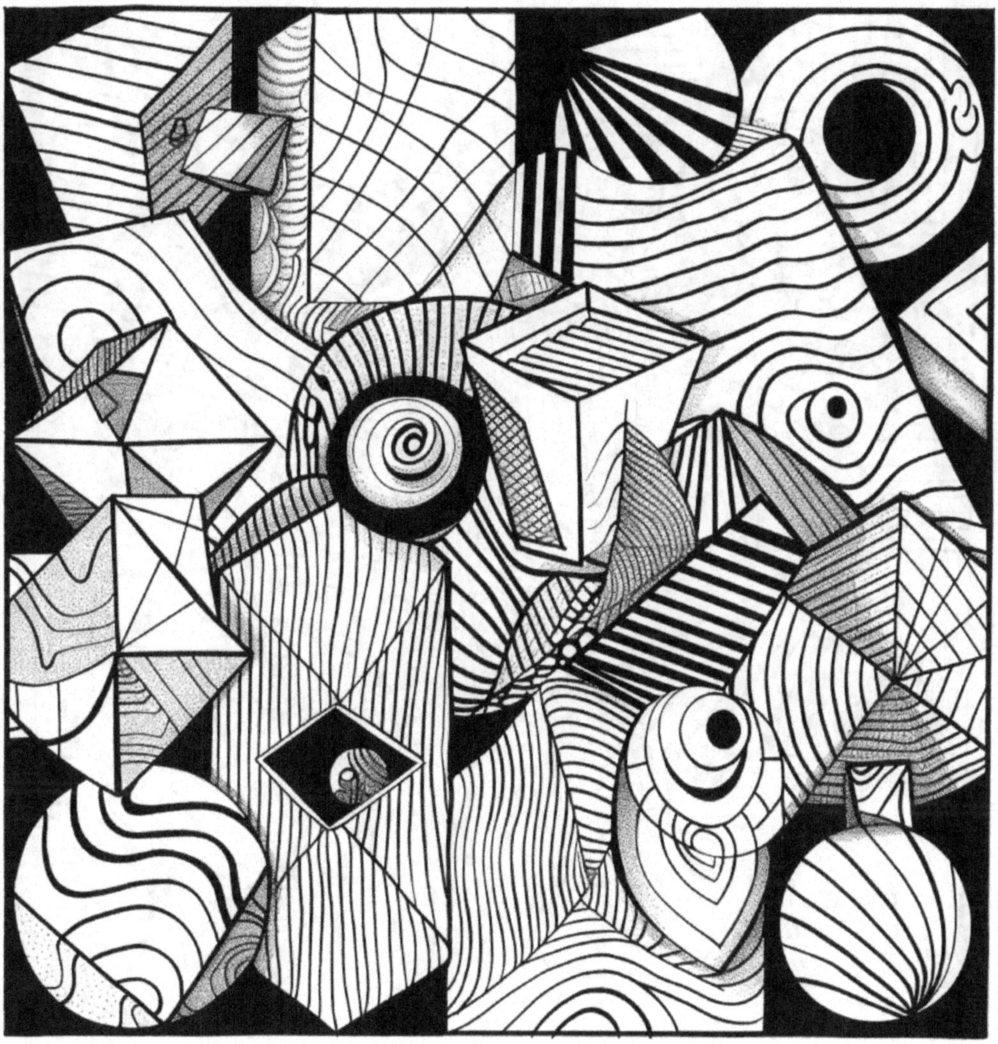

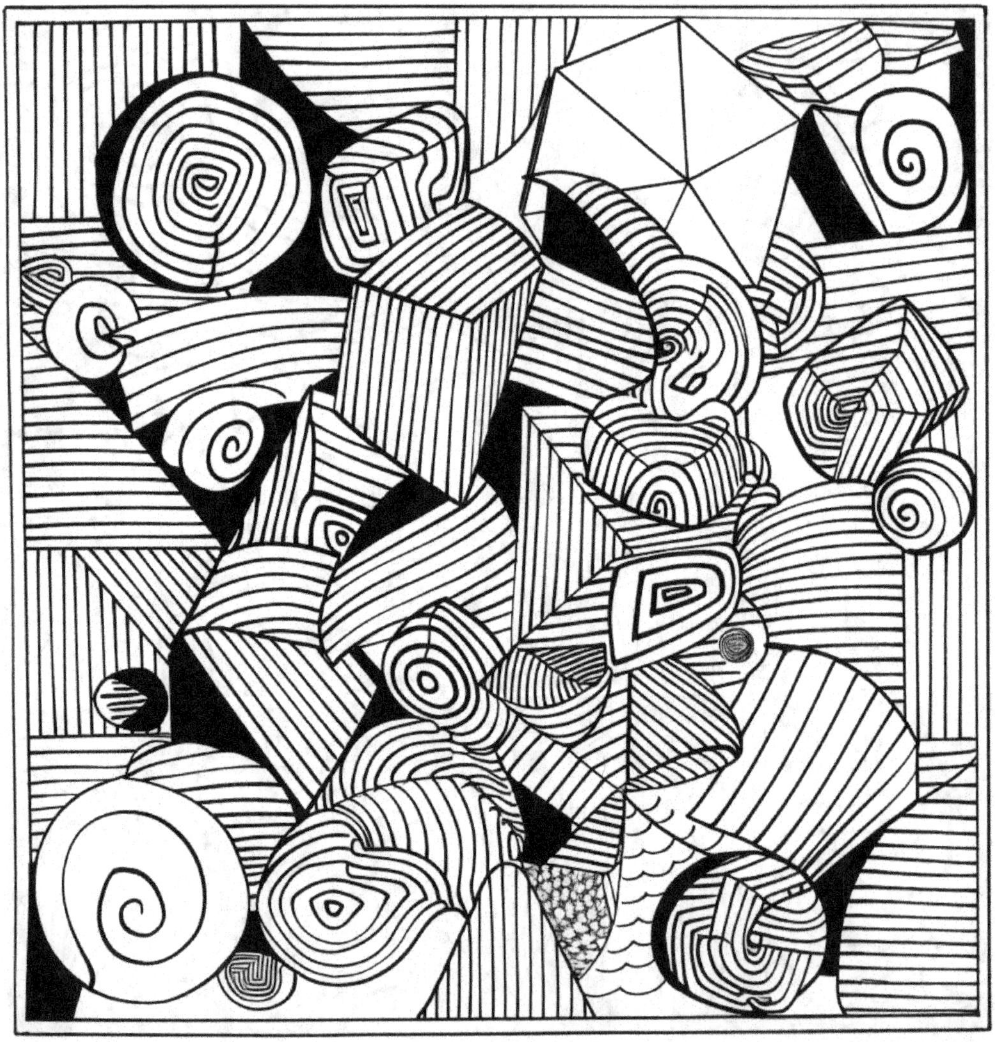

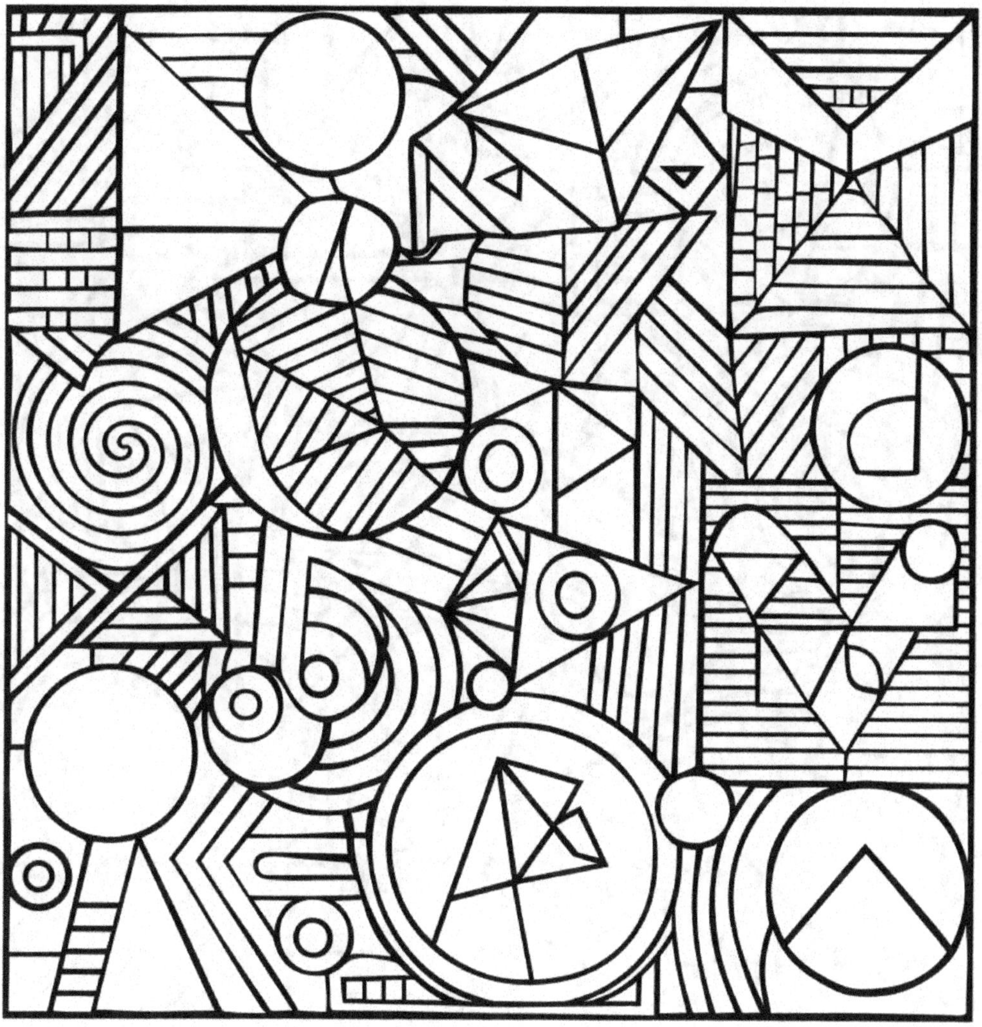

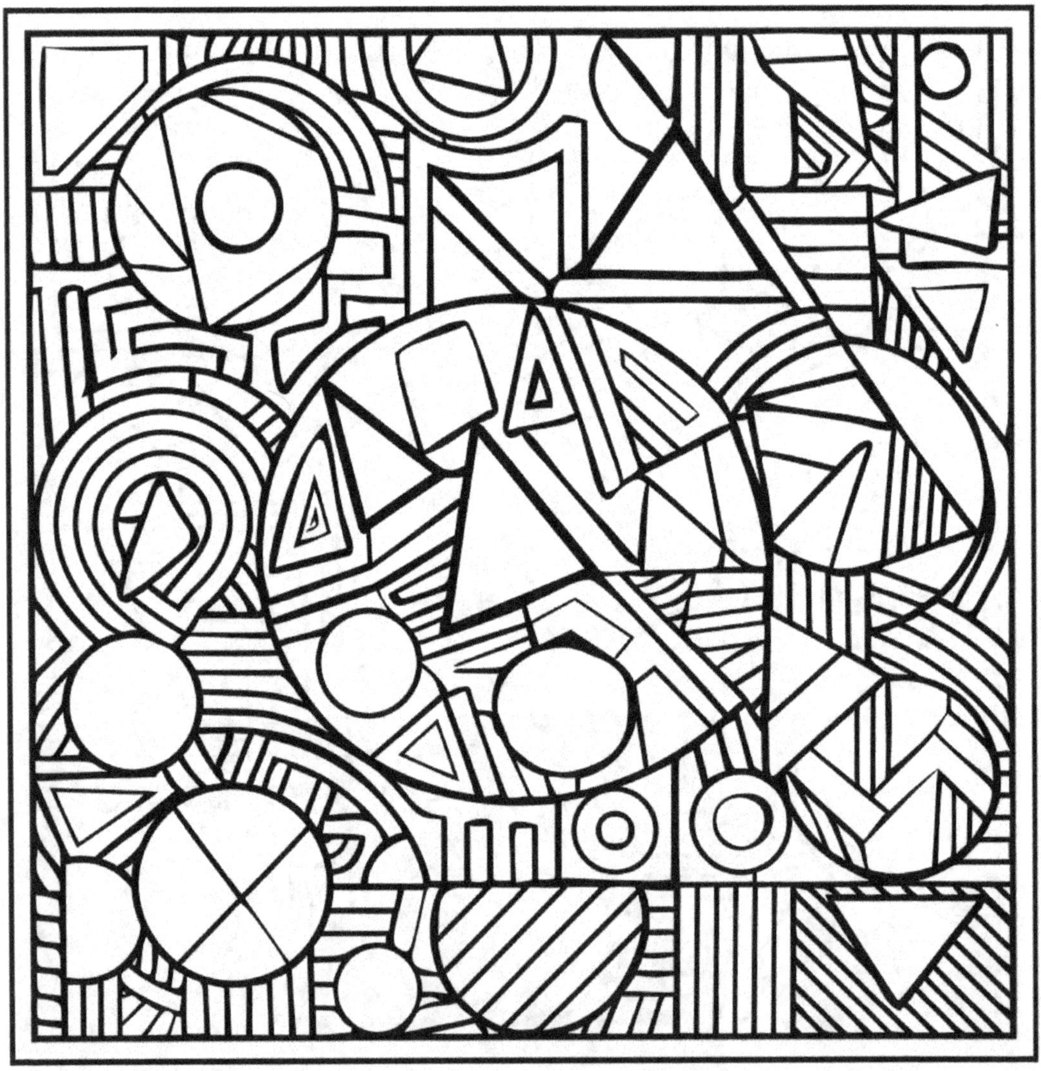

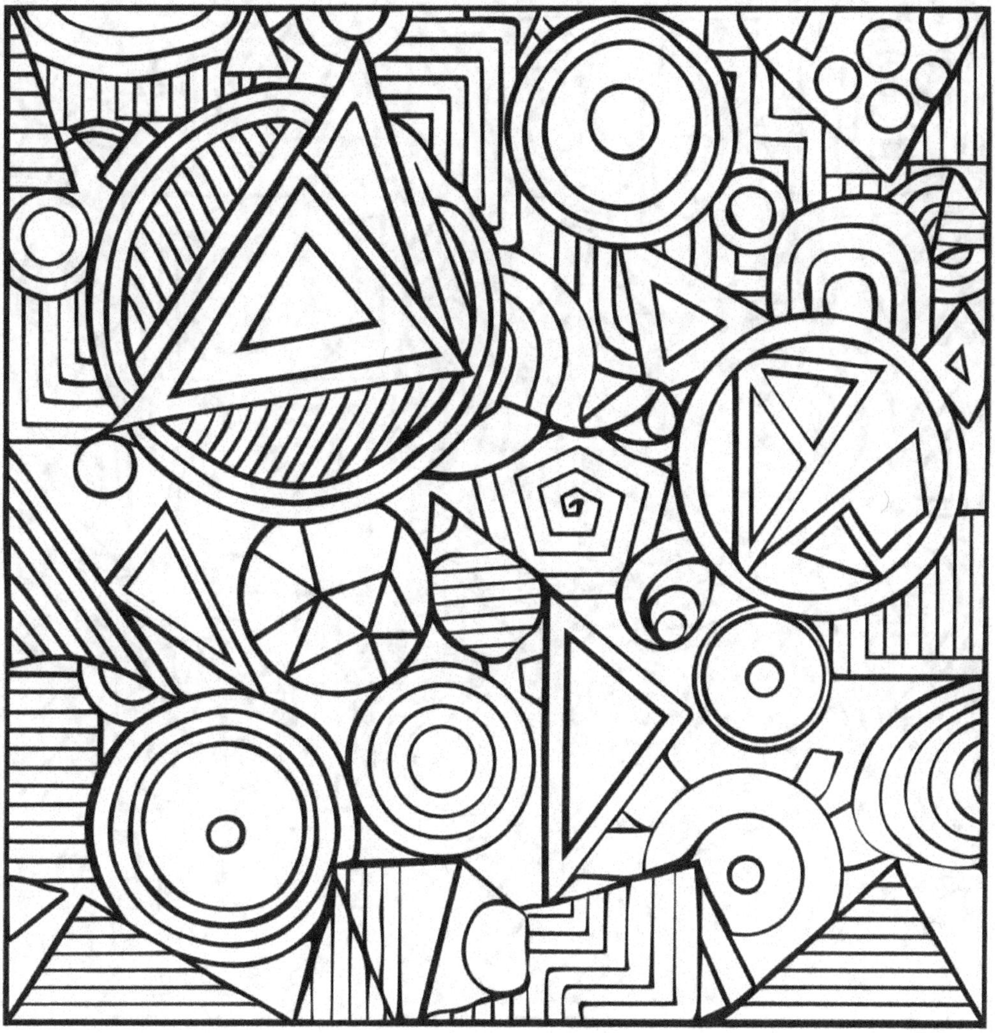

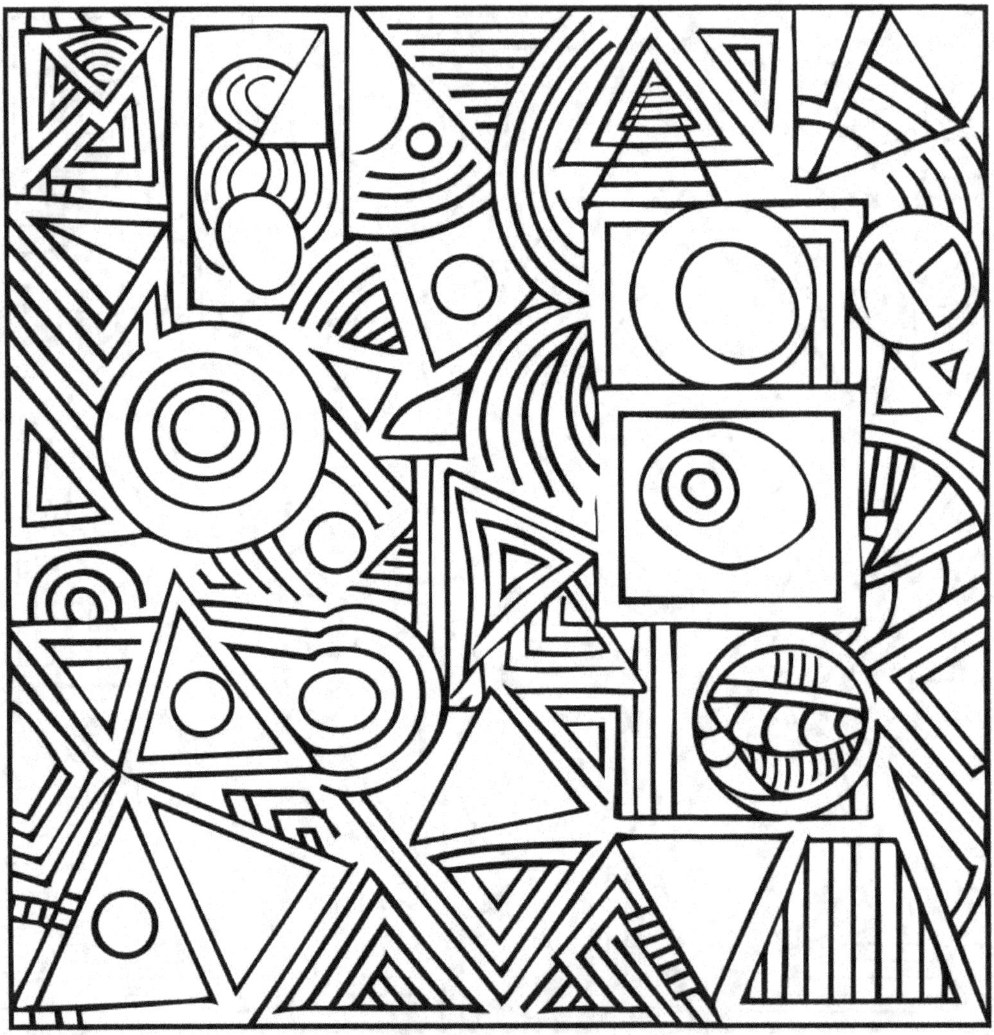

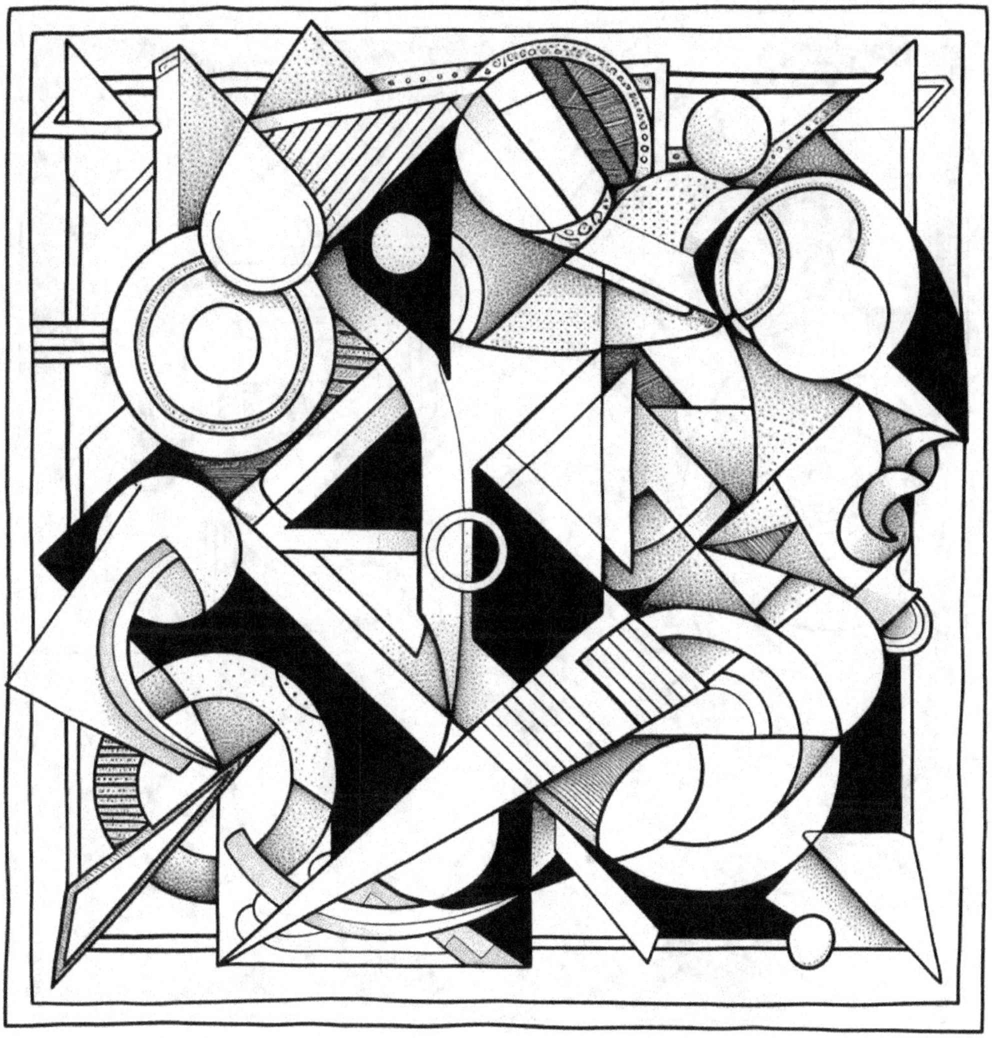

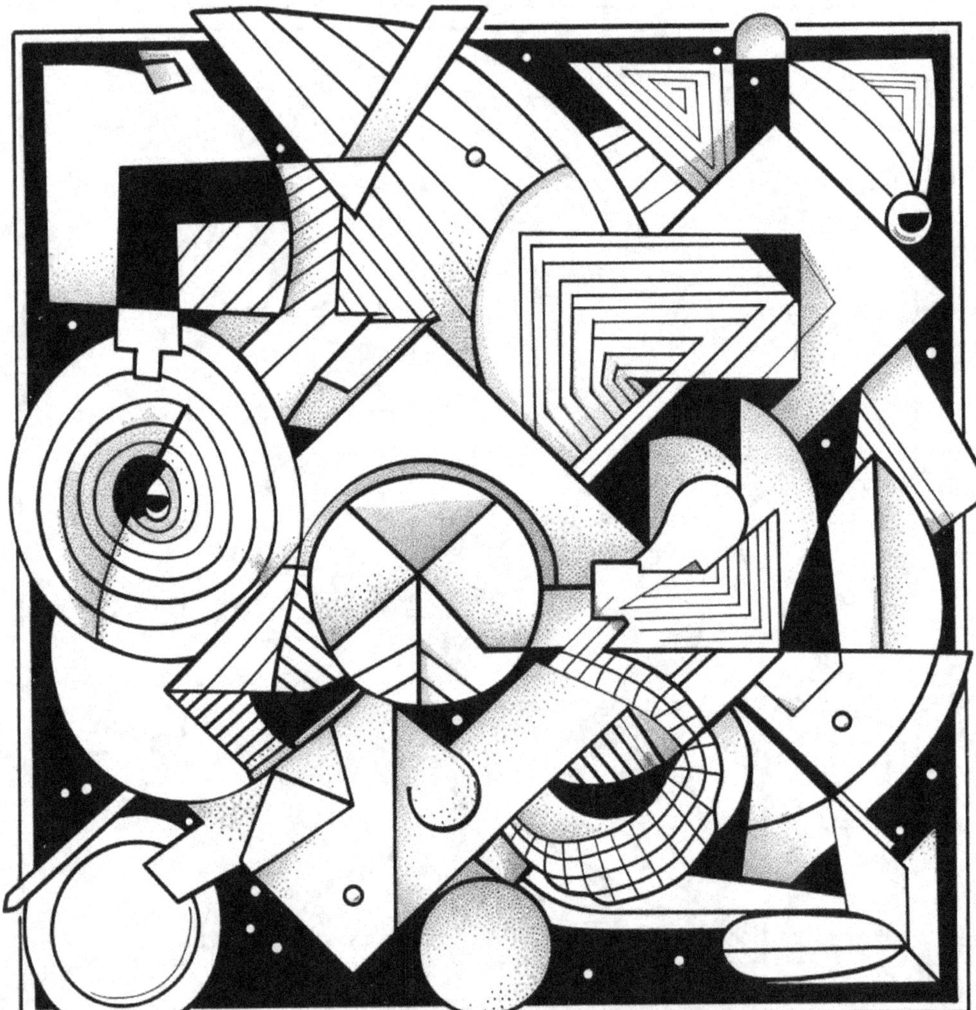

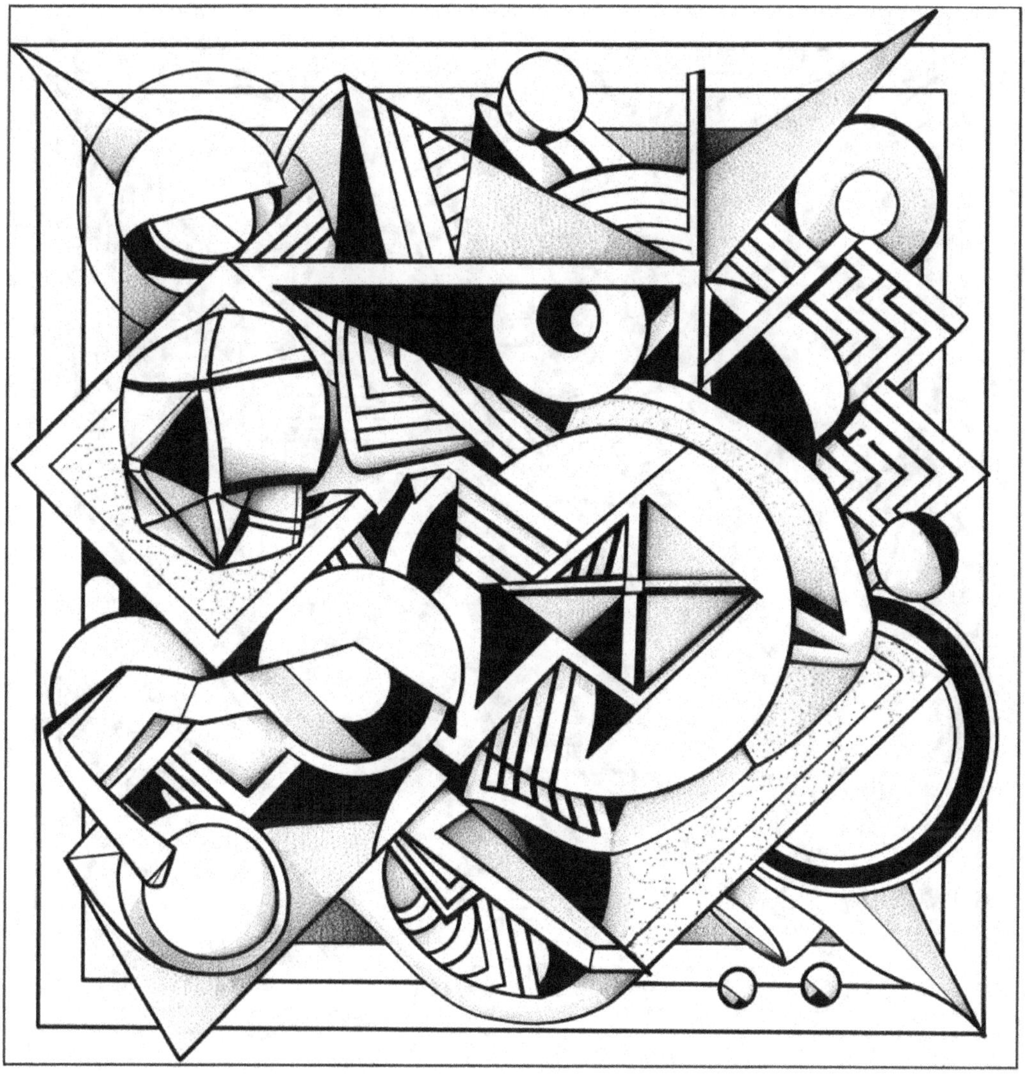

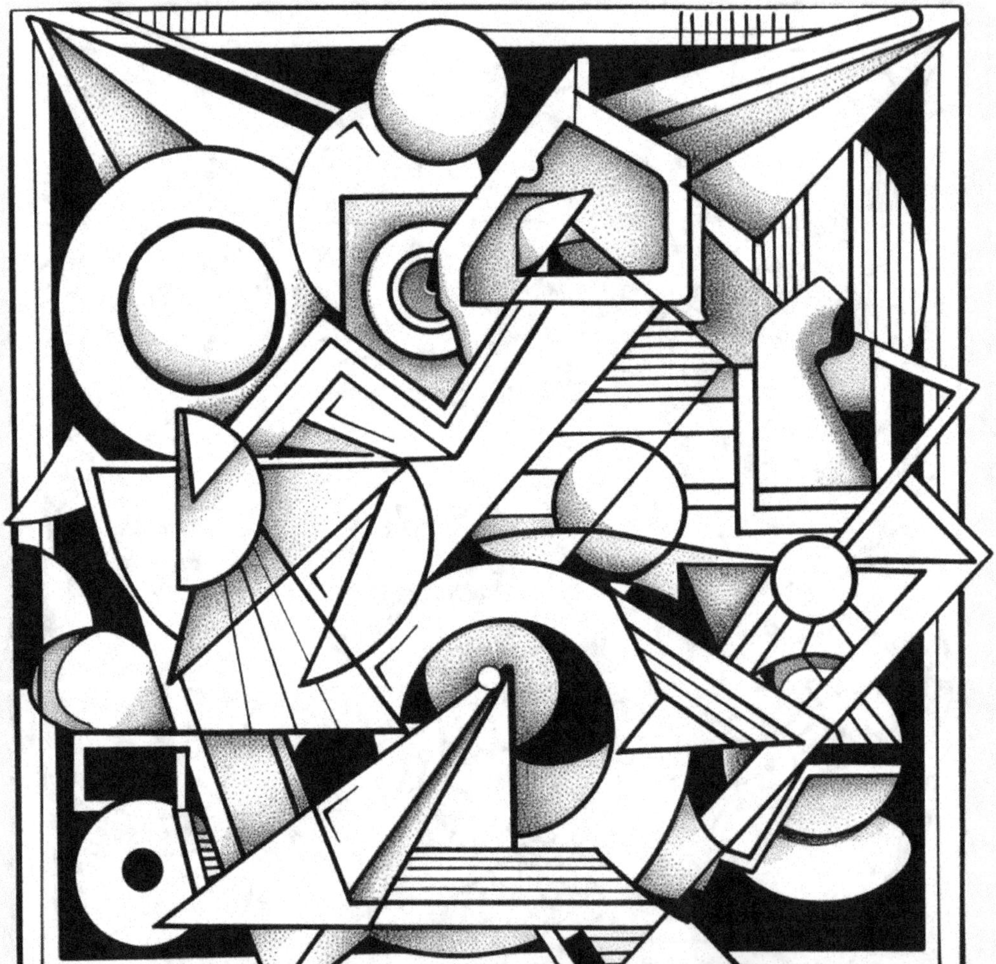

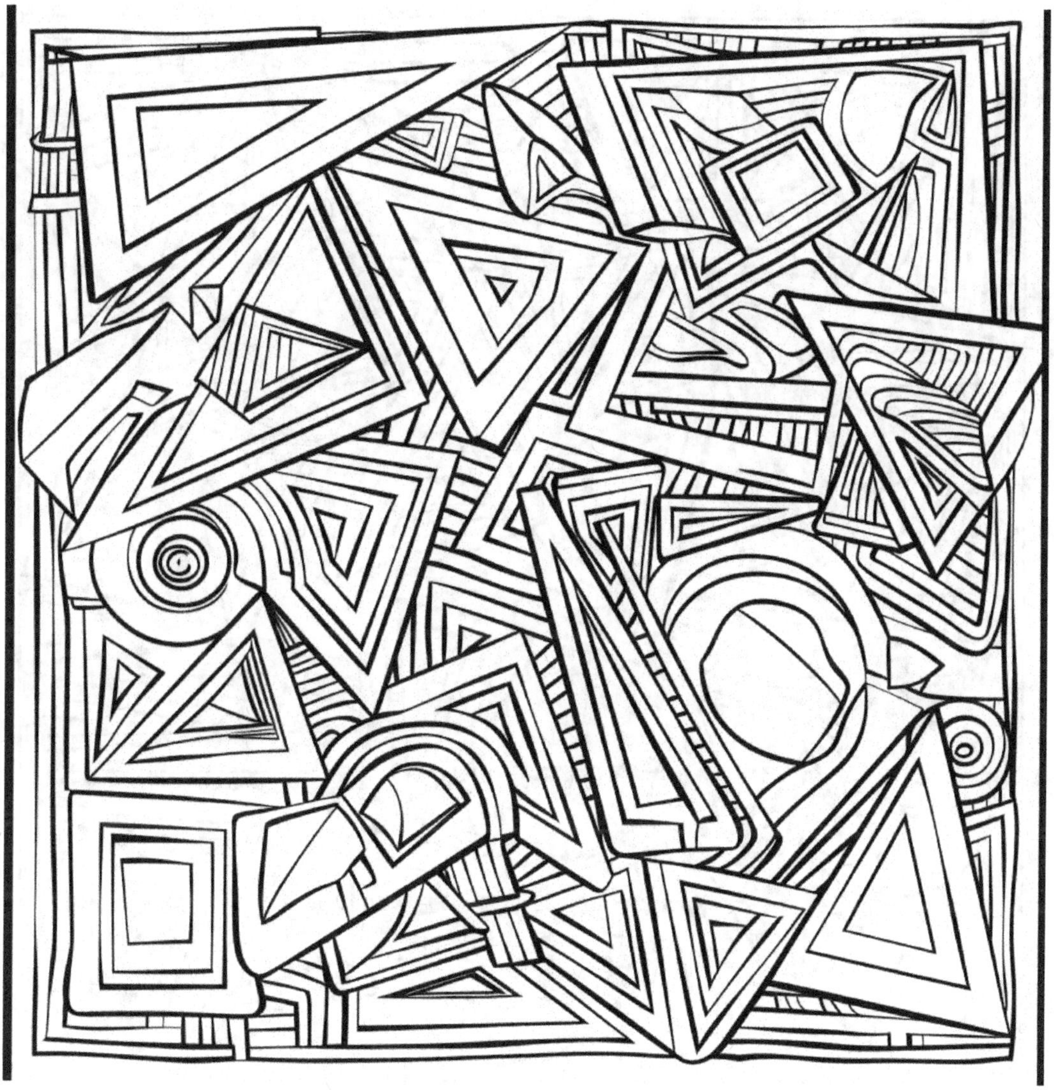

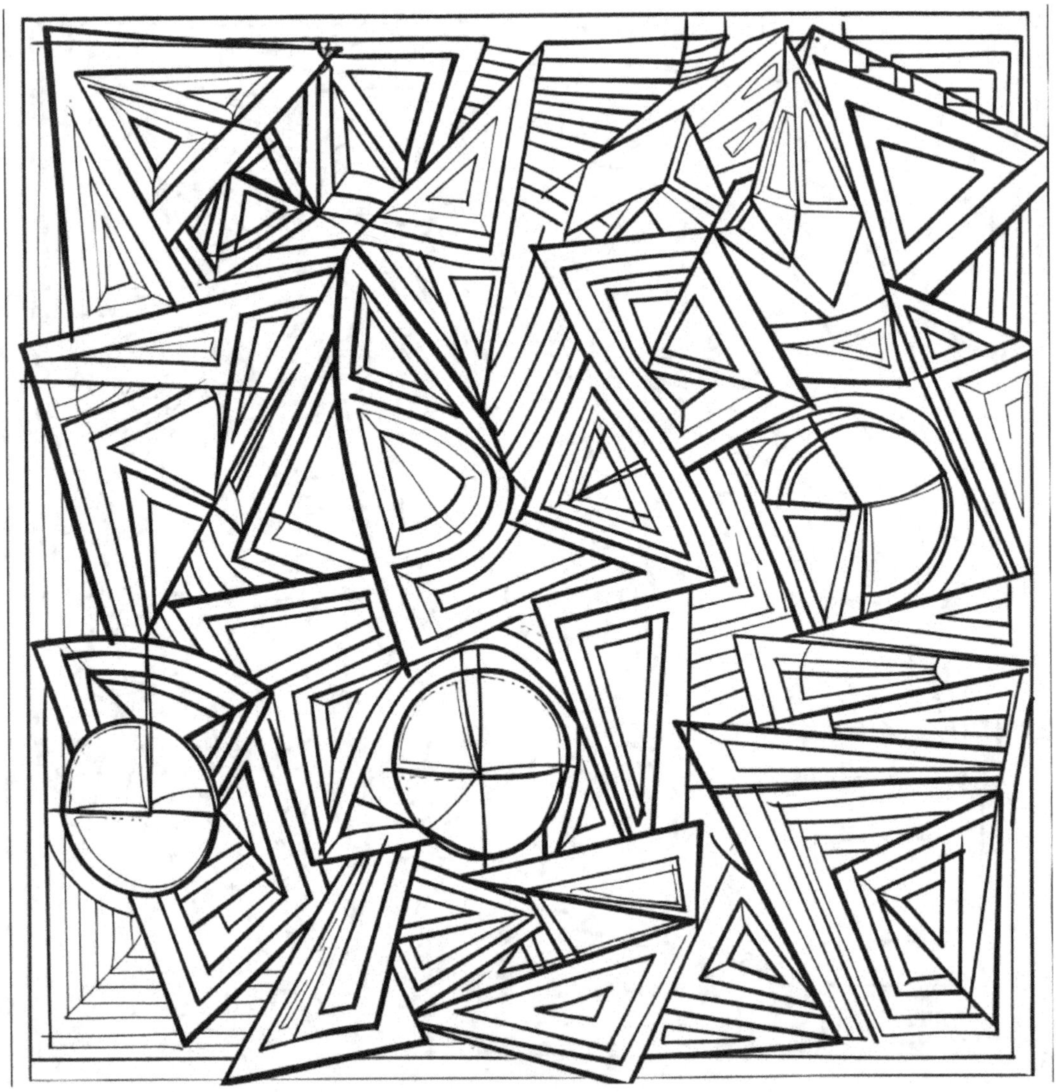

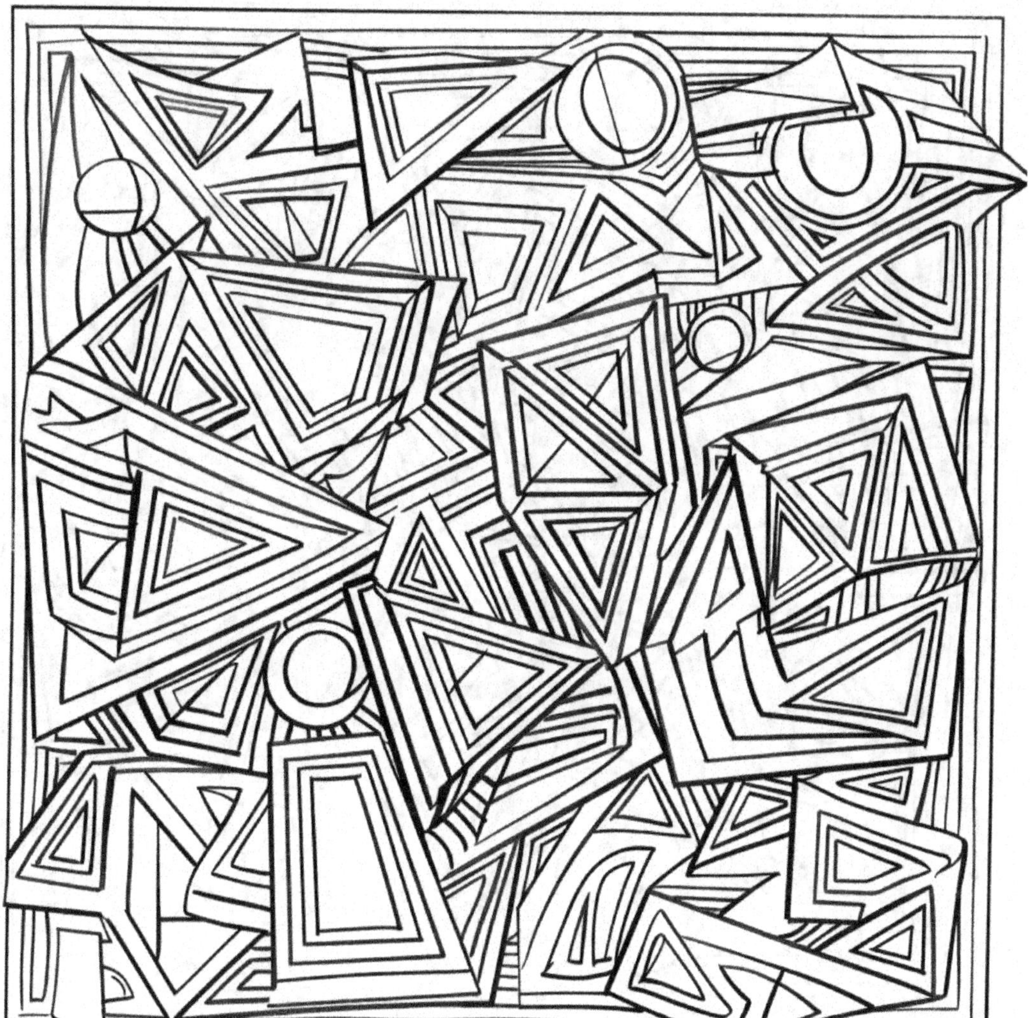

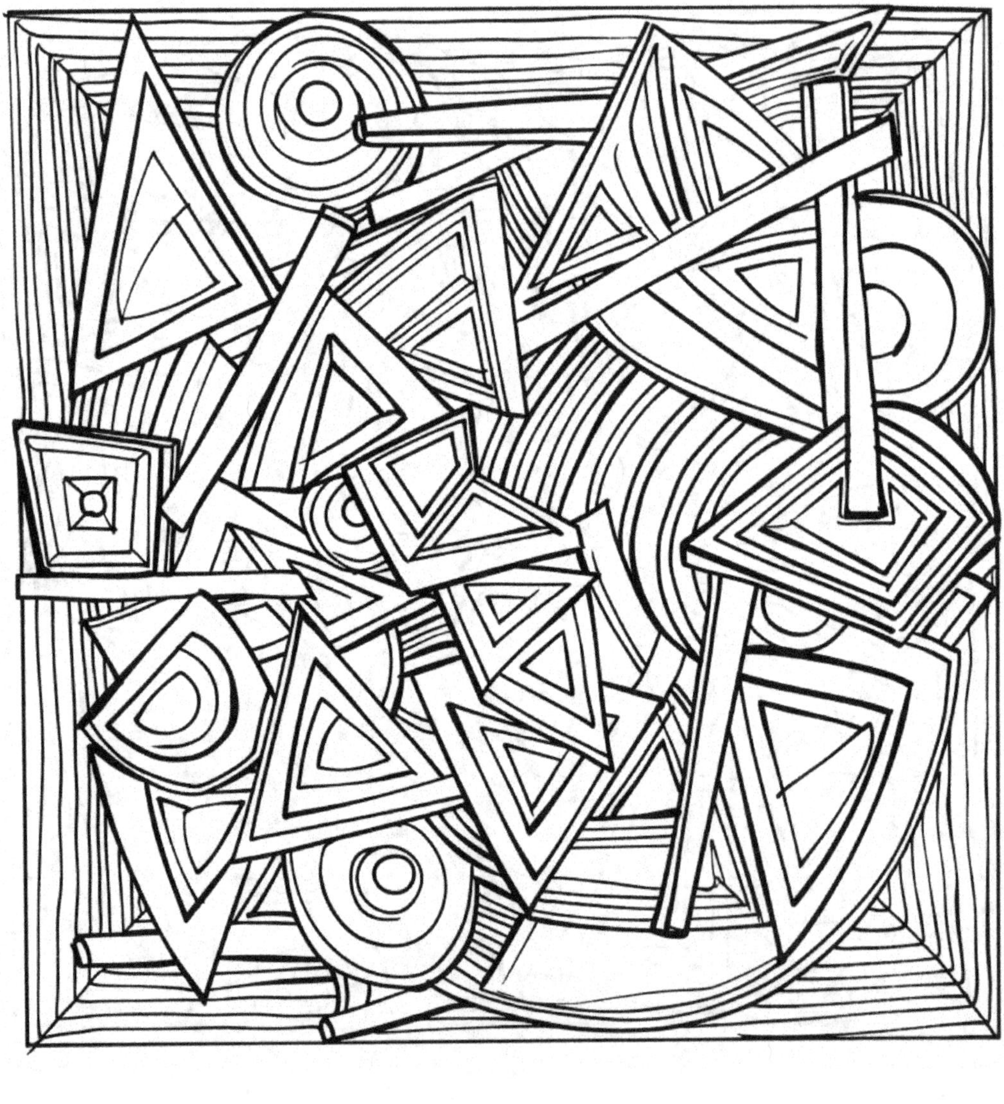

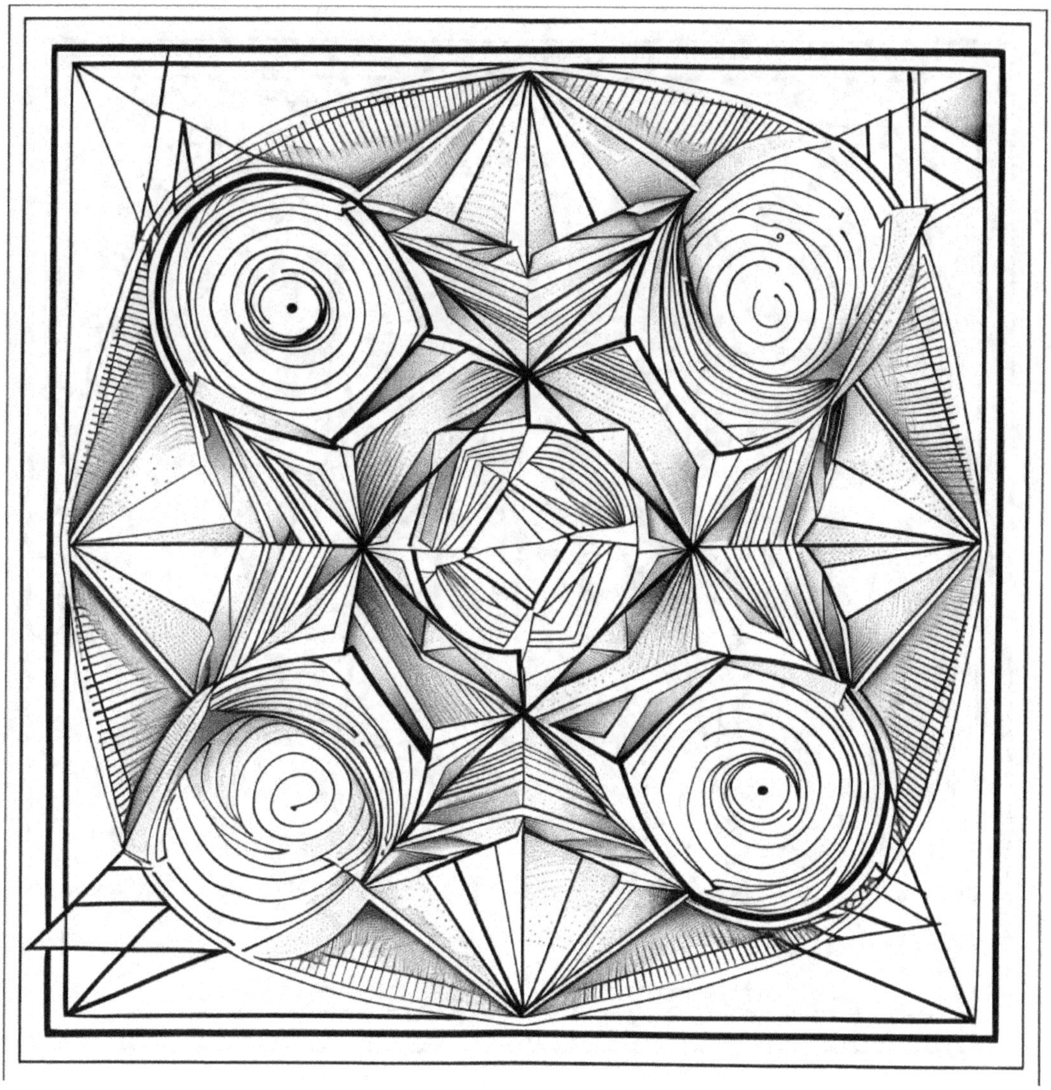

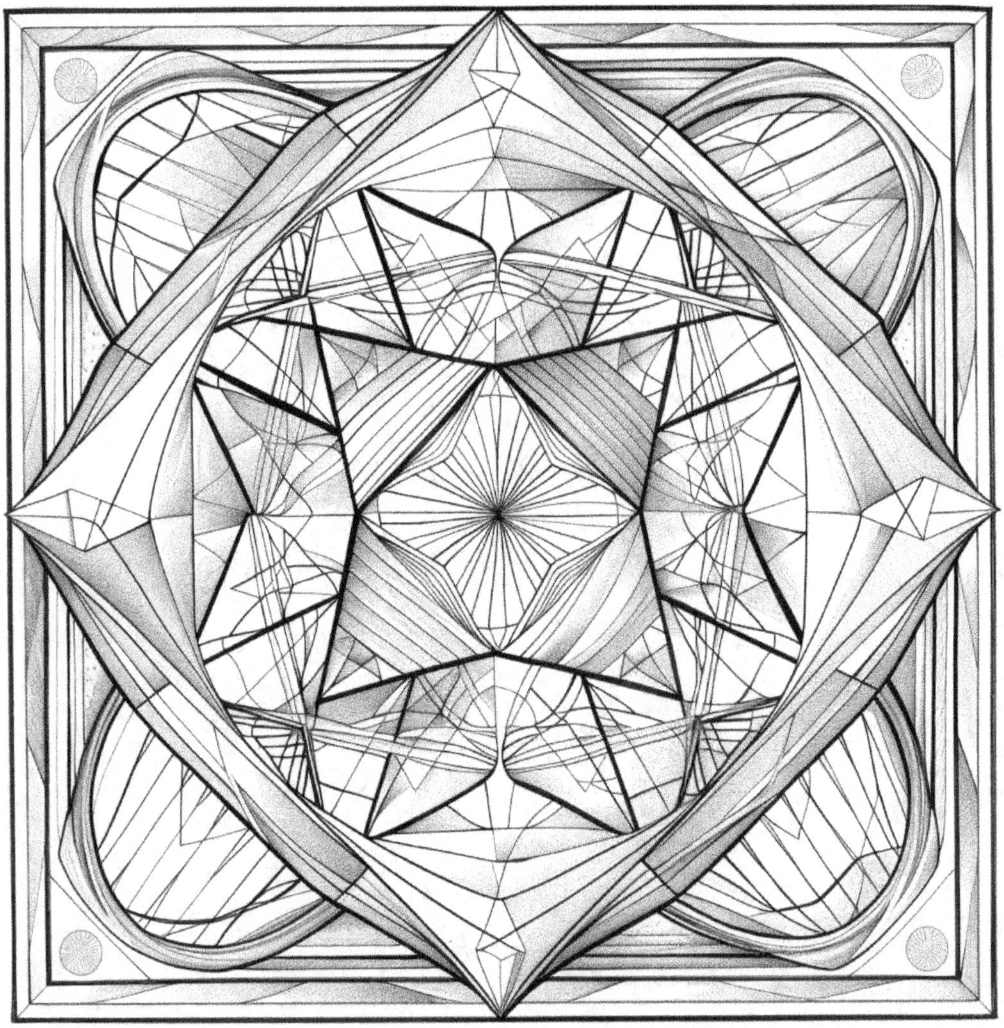

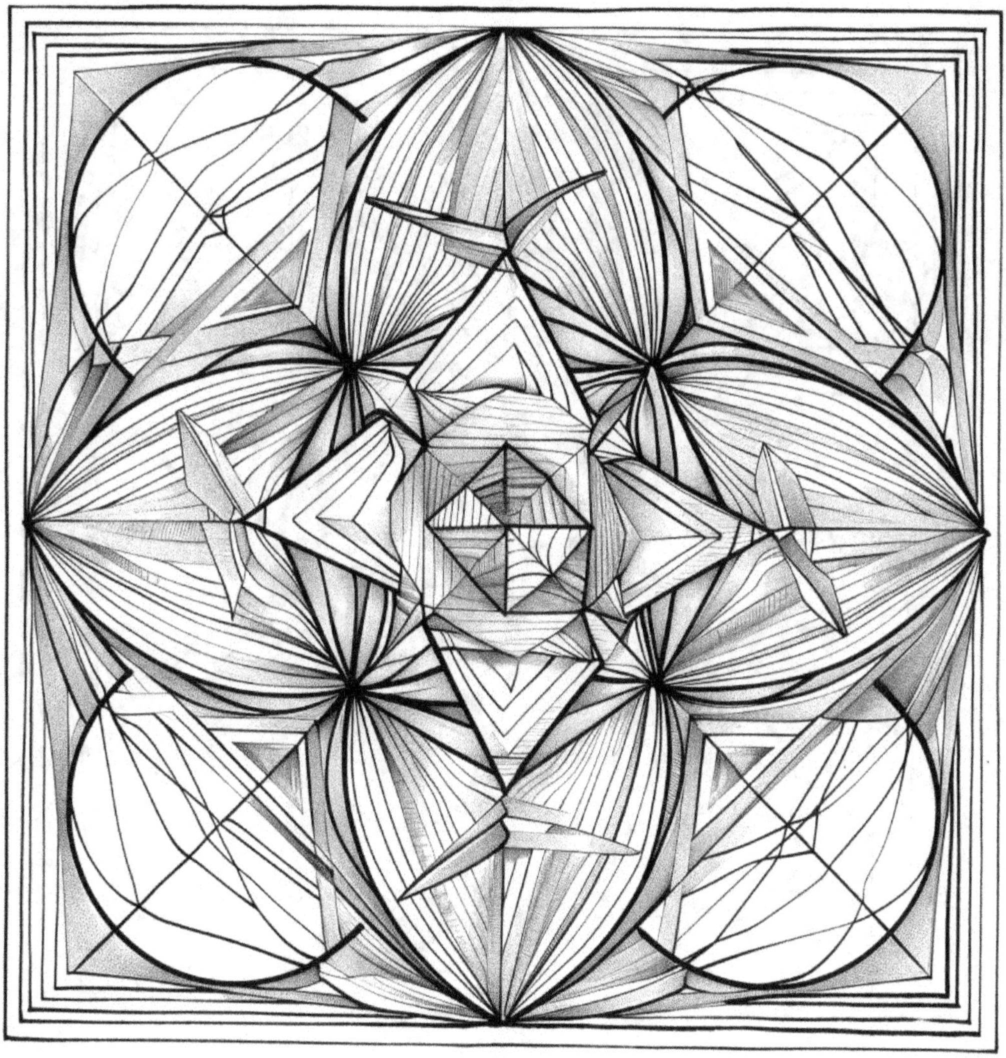

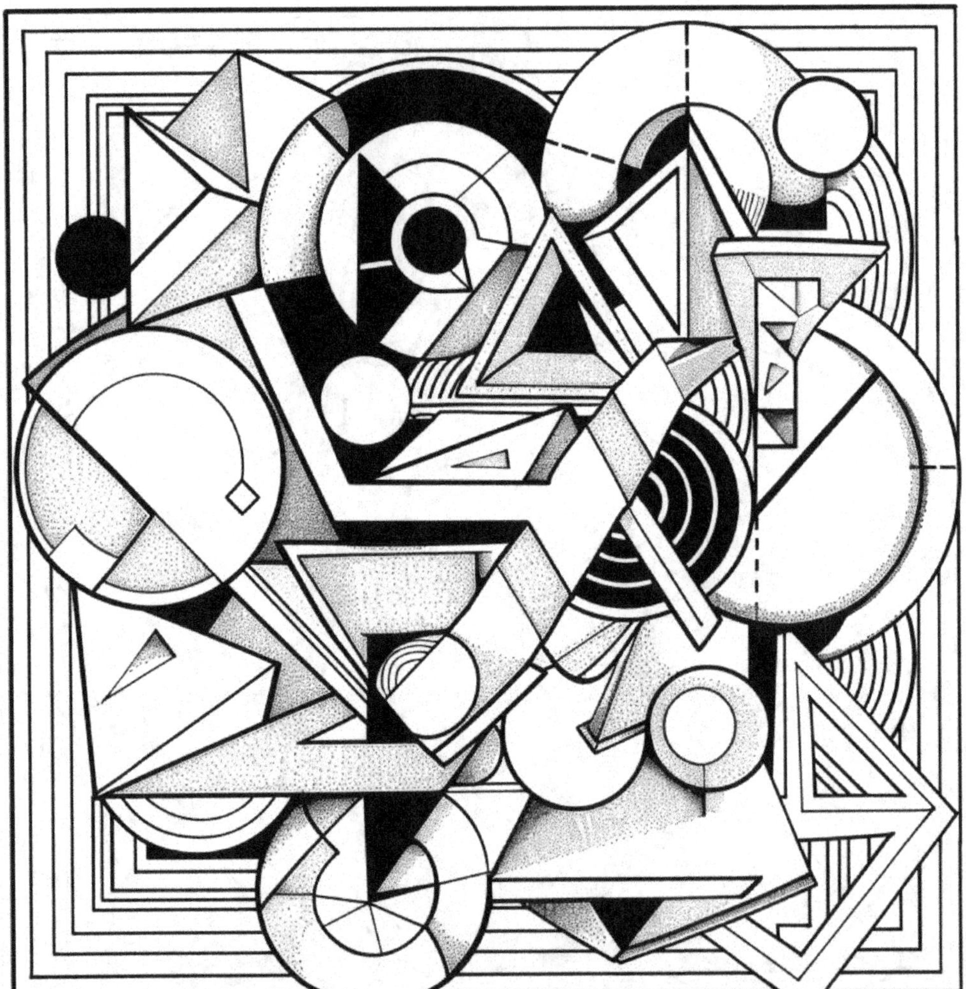

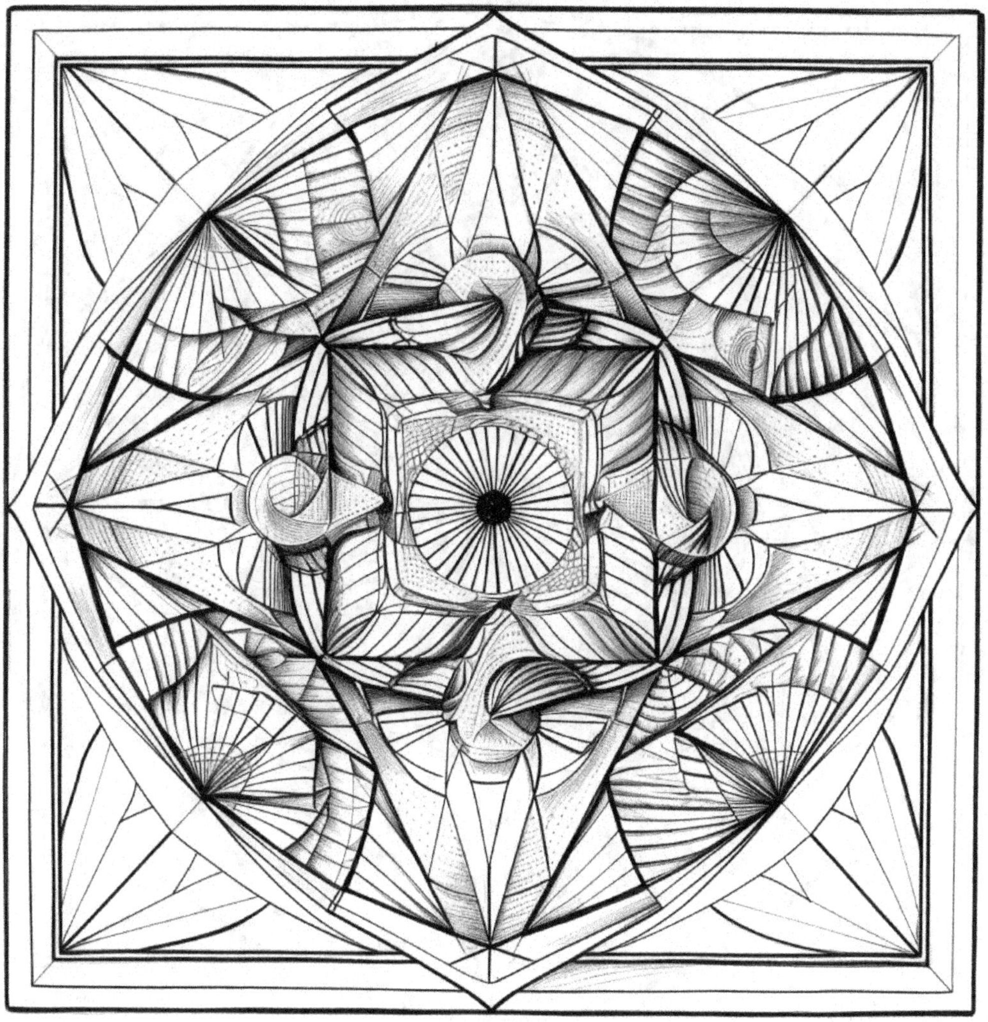

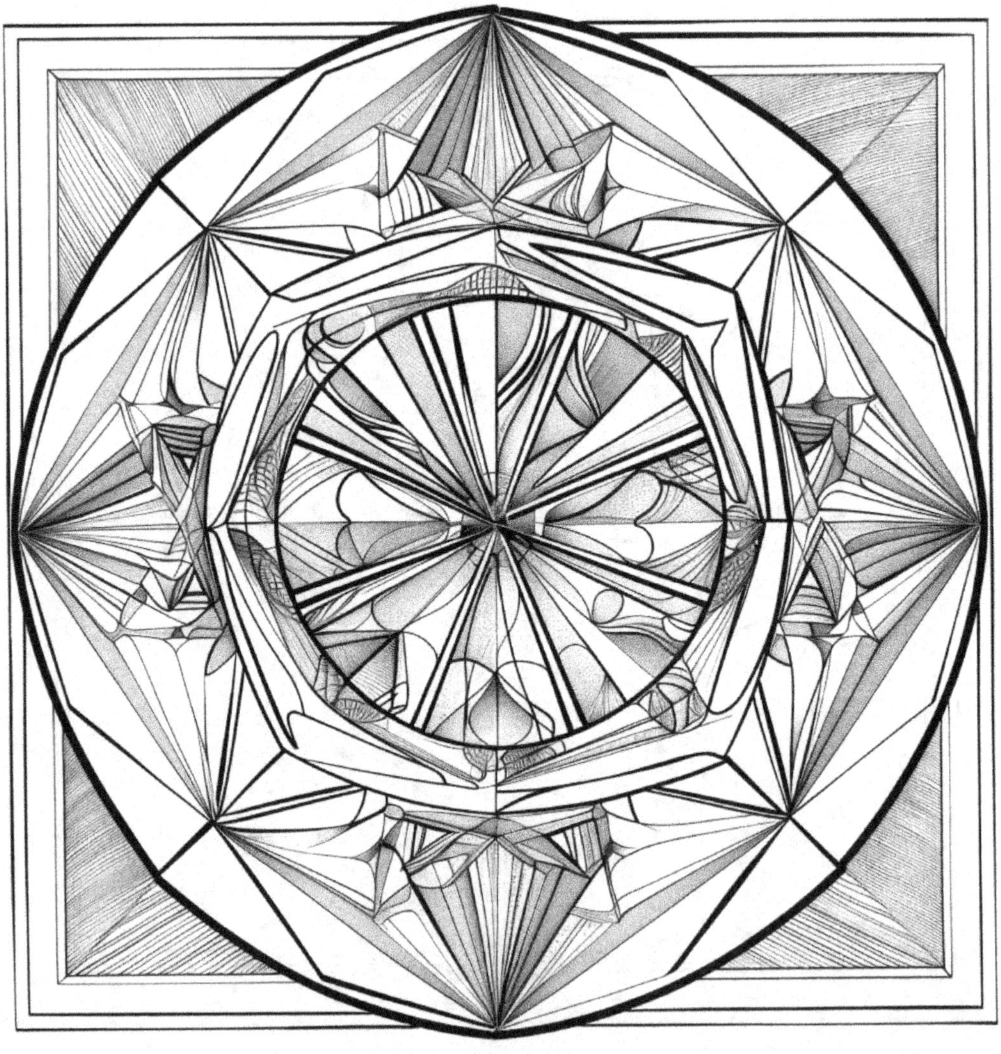

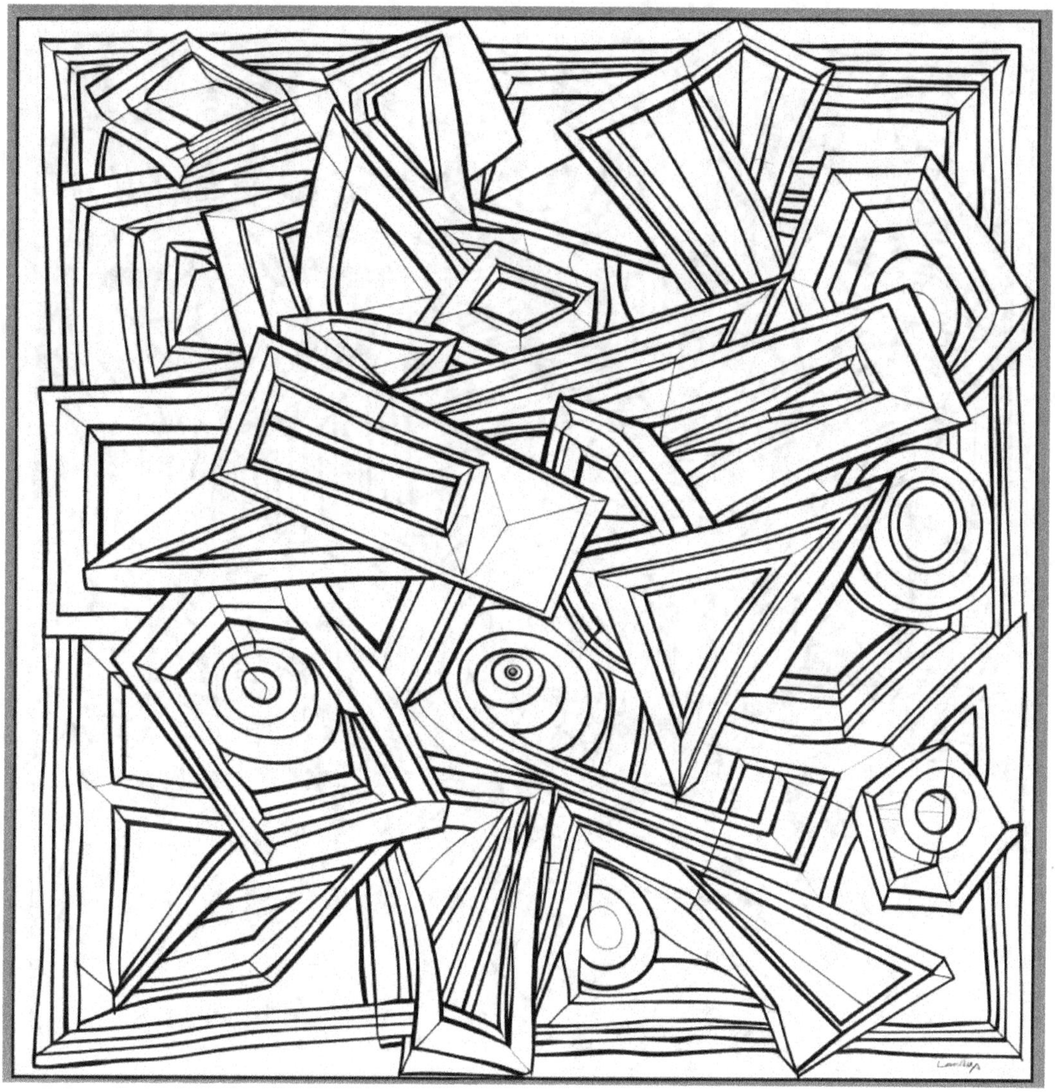

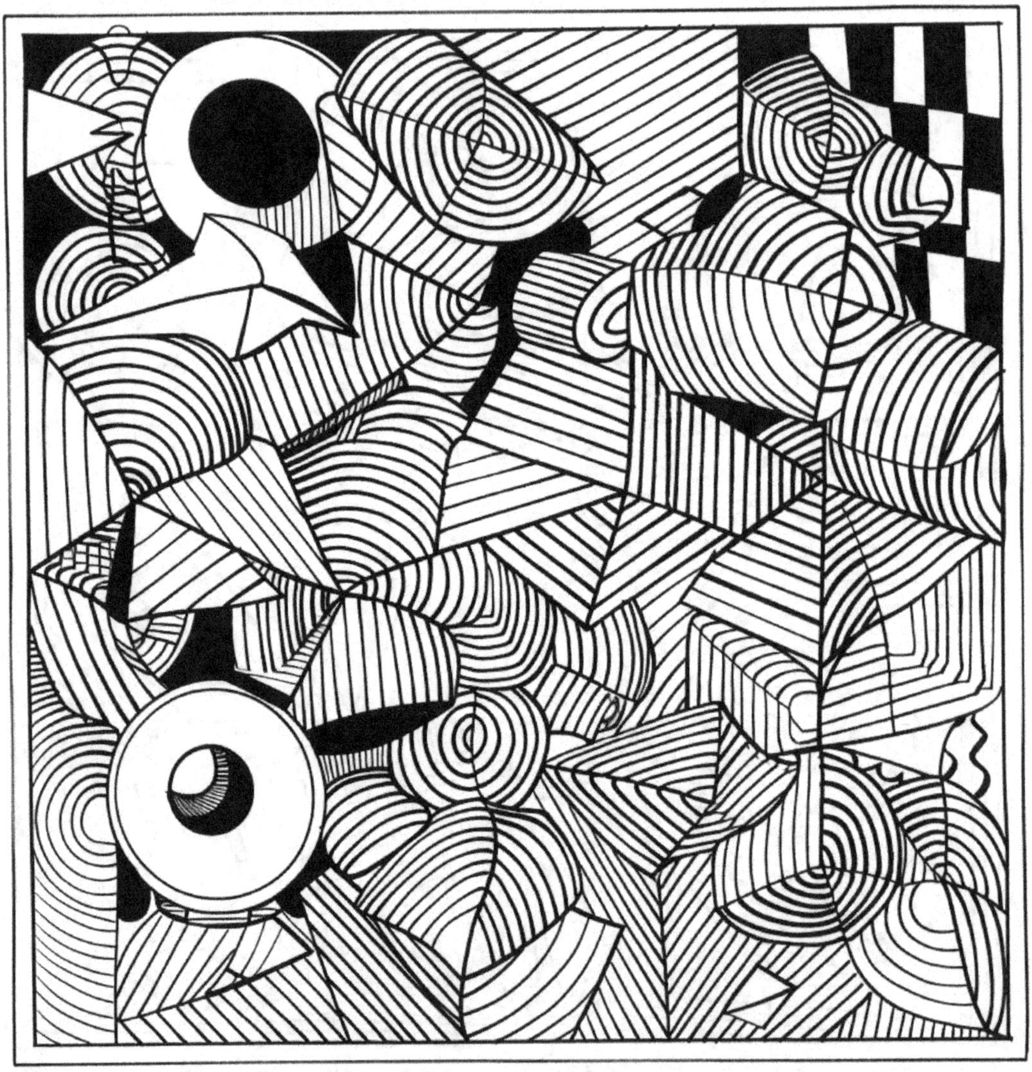

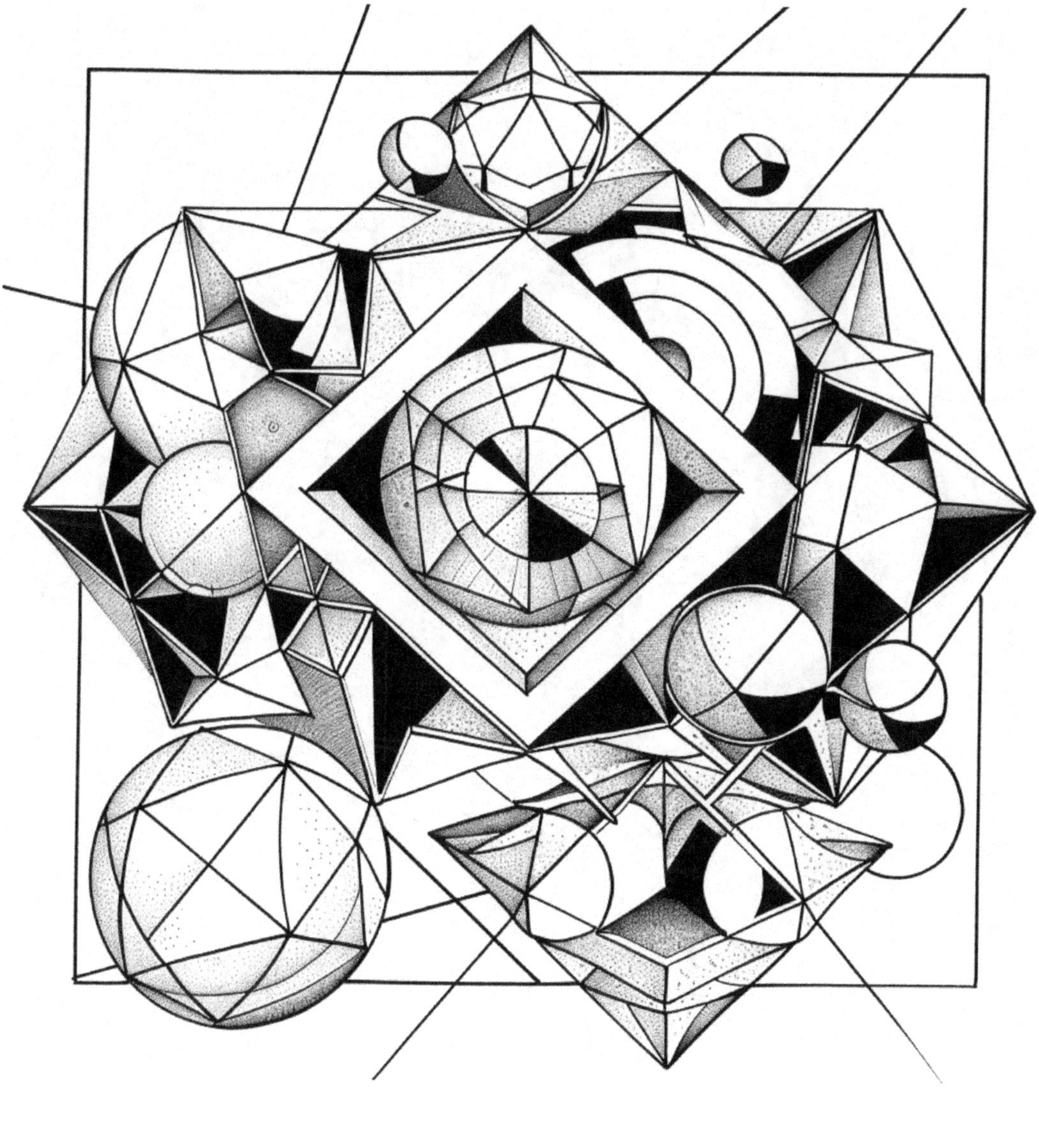

www.ingramcontent.com/pod-product-compliance
Lightning Source LLC
Chambersburg PA
CBHW081021240526
45471CB00018B/3931
* 9 7 9 8 3 2 0 4 8 4 8 0 8 *